AF561135

A
SON ALTESSE SERENISSIME
MONSEIGNEUR LE DUC
REGNANT de WIRTEMBERG
& TECK PRINCE de MONTBEILIARD

Mon tres Gracieux Prince & Seigneur

Monſeigneur

DEpuis que Vôtre Alteſse Sereniſsime a pris la reſolution de bâtir à Louisbourg, il ſemble que les beaux Ars s'y ſoient raſſemblés en foule de toutes parts, pour y elever un palais qui eterniſsât la memoire de Leur Auguſte Protecteur.

Il eſt vrai que dans les commencemens, le but qu'on ſe propoſât, ne tendit qu'a y faire une maiſon de campagne, ou V. A. S. put ſe delaſſer agreablement dans la belle ſaiſon, & y jouir des plaiſirs que la ſituation & les belles chaſſes des environs y fourniſſent abondament.

Tous les deſſeins furent formés alors ſur cette idée: une magnifique maiſon de chaſſe s'eleva le marbre, la peinture, la ſculpture, enfin tous les ornemens qui ſervent ordinairement d'appanage à une brillante Architecture, tout cela n'y fut point epargné.

Mais ce batiment tout ſpacieux qu'il etoit, & conſiſtant en un corps de logis, & deux grandes ailes, auec deux pavillons; ce batiment dis-je parut trop ſerré pour les nombreux correges qui ſuivent ordinairement V. A. S. meme dans ſes parties de recreation. On y ajouta deux nouvelles ailes pour former une ſeconde cour, & deux autres grands pavillons vinrent encor orner les flancs de cet aſſemblages du palais. Un de ces pavillons fut deſtiné pour la chapelle, qui par la regularité & la richeſse de ſes ornemens, peut paſſer aujourd'hui pour la plus ſuperbe qui ſoit en Allemagne.

Cette ſuitte de projects fut quaſi toujours executé ſous les yeux de V. A. S. mais l'étendu de tant de batimens ayant effacé l'idée de la maiſon de chaſſe, ne fit plus remarquer qu'un palais digne de la Reſidence d'un Souverain,

Du depuis V. A. S. reſolut auſsy de faire ſon ſejour ordinaire à Louisbourg & d'y fixer ſa Reſidence: mais le corps du logis, qui auoit été bâti dans une autre veuë, parut alors trop petit pour y loger amplement un Grand Prince, & contenir la nombreuſe Cour qui L'accompagne toujours. On forma d'abord le project d'aggrandire & d'elargir en tous ſens ce premier corps de logis: mais pluſieurs inconveniens s'étant rencontrés dans ce deſsein, il fut reſolu il y a deux ans, de la laiſser tel qu'il étoit, & d'en bâtir un nouveau qui eut toute la Grandeur & la magnificence qu'on deſiroit. Ce nouveau Palais doit être accompagné encor de pluſieurs autres batimens, qui uniront tellement toutes les parties du Chateau de Louisbourg, qu'il en reſultera un tout tres regulier dans ſon eſpece, autant que la ſuite des choſes l'a put permetre.

Les premieres planches que je prens la liberté d'offrir icy à V. A. S. ne contiennent que les deſſeins qui ont été executés pour la plupart dans les commencemens: ce qui doit ſuivre dans une ſeconde partie, fera paroitre auec beaucoup plus d'eclat encor, la Grandeur des idées de V. A. S. ou plutot la Grandeur de ſes actions, puis que ces nouveaux & magnifiques batimens aux quels on travaille actuellement, ſont deja avancés, que dans trois où quatre ans on les verra conduits à leur entiere perfection.

V. A. S. m'ayant fait la grace de m'en confier la direction, il n'eſt rien de plus juſte que de m'aquiter des devoirs qu'exige la plus reſpectueuſe & la plus ſoumiſe reconnoiſſance, en preſentant tres humblement à V. A. S. les premieres gravures, comme un tribut que je Lui dois, & en L'aſſurant de la plus profonde veneration & du reſpect infini auec lequel j'ai l'honneur d'être

Monſeigneur

De Votre Alteſſe Sereniſſime

Reſſidens Louisbourg le Decembre 1727.

Le tres humble & tres obeiſſant Serviteur

Lieutenant Colonel & Directeur des Batimens

D. F. Friſoni.

et Perspective du Chateau de Louisbourg, accompagné du jardin de la Favorite, et de la Faisandere
côté du Levant, étendu par Mr. Frisoni.

Perspectiv und Prospect der Residenz Ludwigsburg Sr. Hochfürstl. Durchl. des Regierenden Herrn Herzogen zu Würtemberg, wie solche samt dem fürstl. Lust-Garten Favorit und Fasanen-Garten gegen Morgen anzusehen: inventiert von Donato Giosepe Frisoni, Obrist Lieutenant u. Ober Landbau Di:
rectore Sr. Hochfürstl. Durchl.

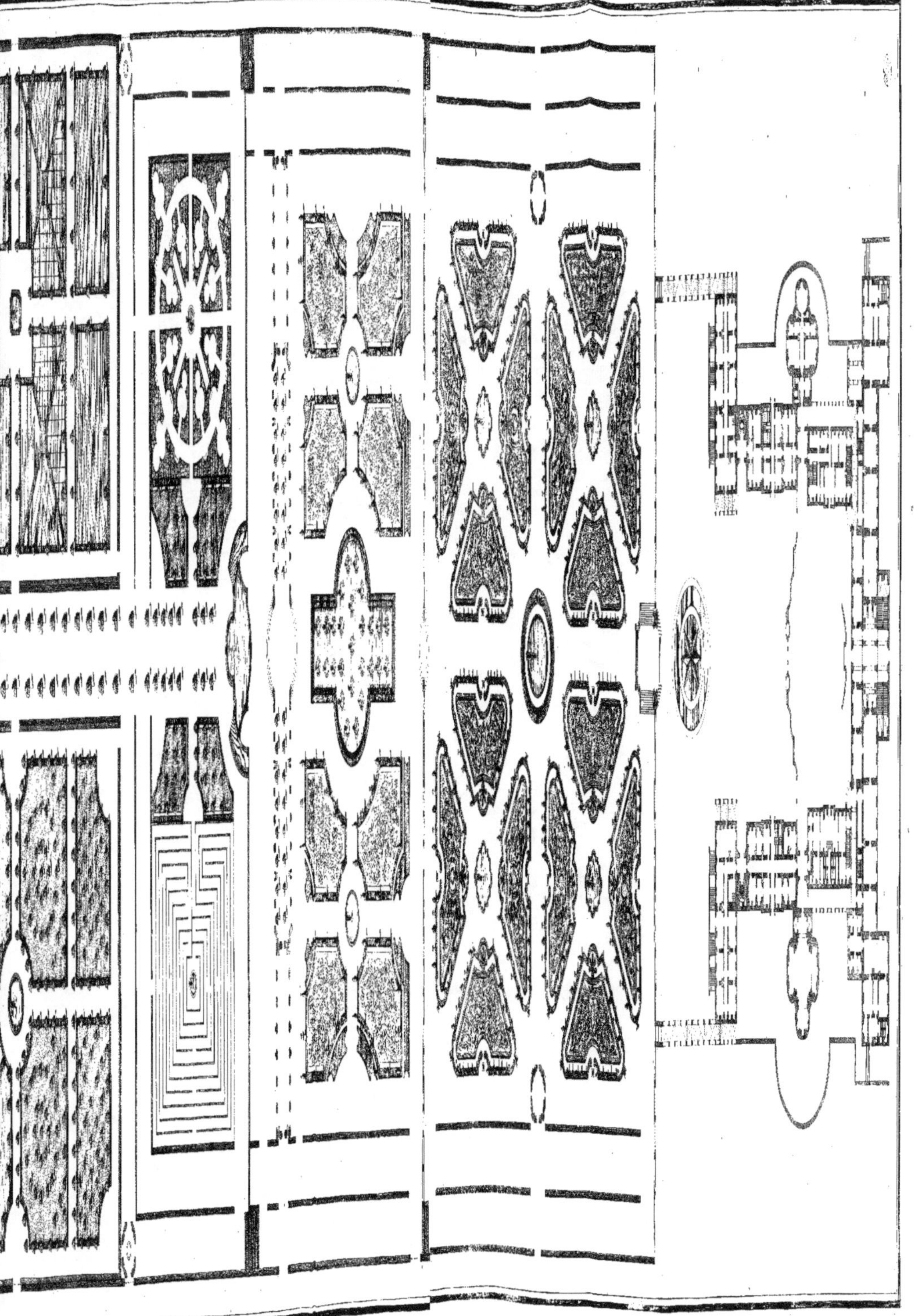

Plan du Chateau de Louisbourg, Residence de S.
A. S. Monseigneur le Duc Regnant de Wurtenberg
Eberhard Louis, avec le Jardin, la Favorite, & la
Faisanderie, elevé par le Sr. Donato Giuseppe
Frisoni Lieut. Colon. Architecte, et Directeur des
Batiments de S. A. S.

Perspective du Jardin, du Labirinte, du Verger et du potager, aussi bien que des Orangeries, inventés par Mr. Frisoni.

Perspectiv deß Obern Fürstl. Lust- Irr- Baum- u. Küchen Gartens, samt denen Orangerie Gebäuen zu Ludwigsburg, von Sr. Hochfürstl. Durchl. deß Regierenden Herrn Herzogen zu Würtenberg, Major, Architect u. Ober-Land-Bau Direct. Frisoni inventirt.

4

Vüe et Perſpective de l'Escalier de Pierre, qui conduit dans le Jardin Ducale en lointainete L'Orangerie et l'Arc servant du comunica=tion a la ſeconde plaine des Bocages.

Proſpect und Perſpectiv der ſteinernen Stiegen, worauf man in den Herzogl. Garten gehet, in der ferne die Orangerie und der Comunications Bogen, von dar zu der andern Ebene deß Waldes.

Prospect und Perspectiv der Residenz Ludwigsburg, Seiner Hochfürstl. Durchl. des Regierenden Herrn Herzogs von Würtemberg etc. wie solche gegen dem Garten an der Mittags Seite erbauet worden, von Donato Giuseppe Frisoni ... Direct. Archit. u. Obrist Leut. Seiner Hochfürstlichen Durchlaucht.

Vue et Perspective du Chateau de Louisbourg Residence de S. A. S. Monseigr le Duc Regnant de Wurtemberg etc. ainsi ... du coté du jardin vers midi, par Donato Giuseppe Frisoni, Directeur ... Architecte de S. A. S.

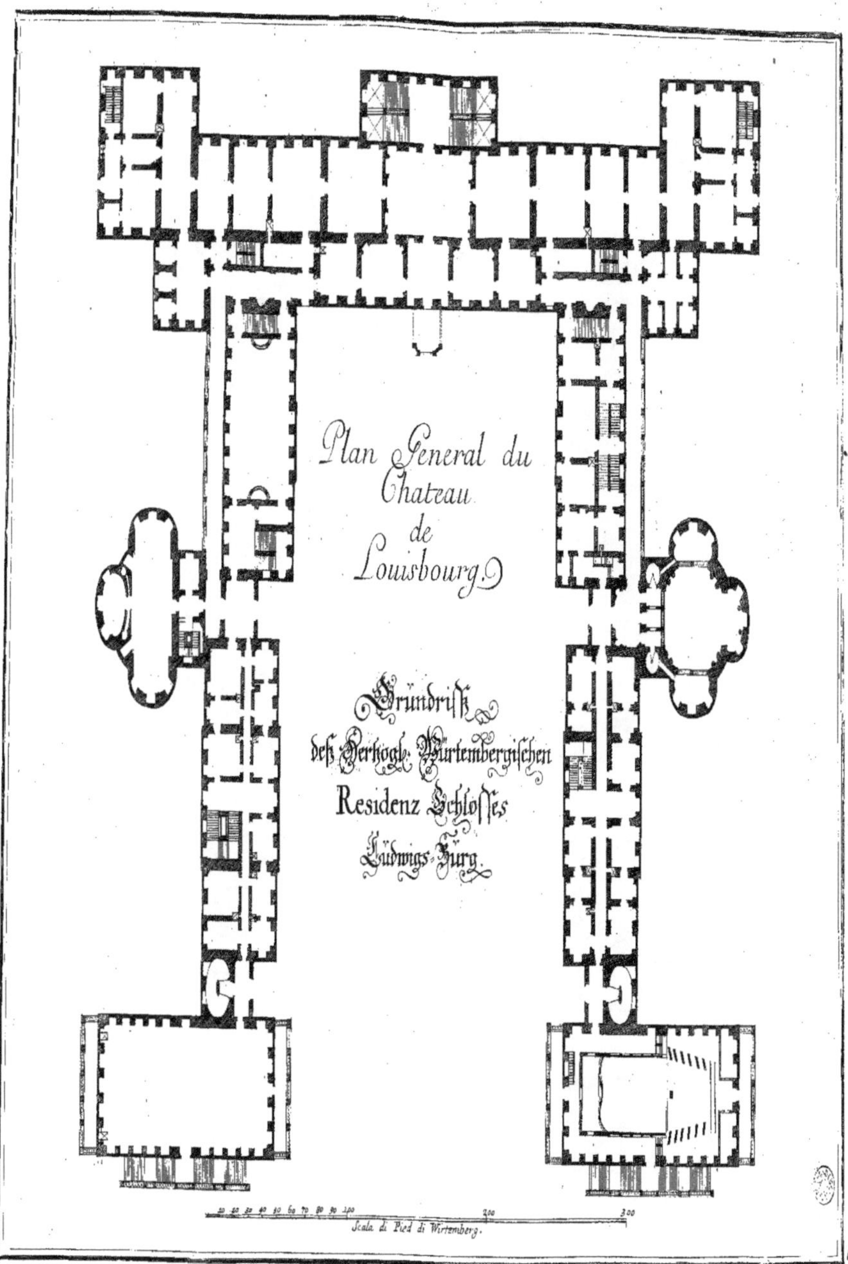

6

Cum Priv. S. C. Maj.

Haered. Jer. Wolffs excud. A. V.

7.

Vüe de la Sale, avec la moitié du plafond, peint à fresq. de Monsieur Lucas Aurelius Colomba peintre actuel de S. A. S.

Prospect deß Saals und der halben Decke al fresco gemahlt, von Hrn Lucas Aurelius Colomba Sr. Hochfürstl. Durchl. würcklicher Hoff-Mahler.

Elevation du Balcon et du Portal du Corps de Logis, de l'invention du Mr Frisoni.

Geometrischer Aufzug deß Balcon und Portals an dem Fürstlichen Corps du Logis in Ludwigsburg, inventirt von Mr. Frisoni.

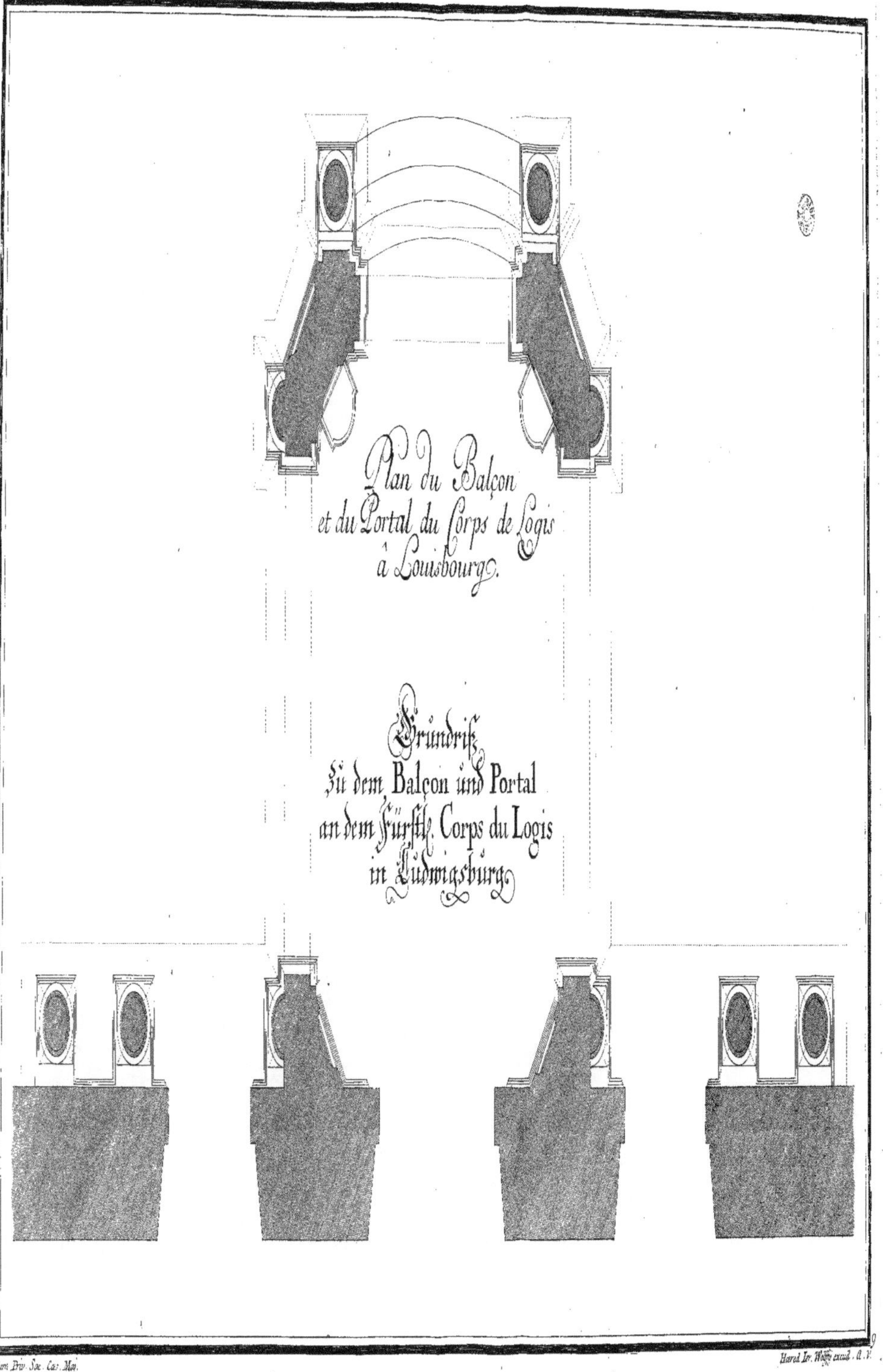

9

Cum Priv. Sac. Caes. Maj.

Haered. Jer. Wolffs excud. A.V.

Cum Priv. Sac. Cæs. Maj.

Hæred. Ier. Wolffii excud. A.V.

Profil de l'Escalier et du Vestibule du Corps de Logis, inventé par Mr. Frisoni.

B. B.

Profil zur Stiegen und Vestibuli in der Fürstl. Corps du Logis zu Ludwigsburg, inventirt von Mr. Frisoni.

A.A.

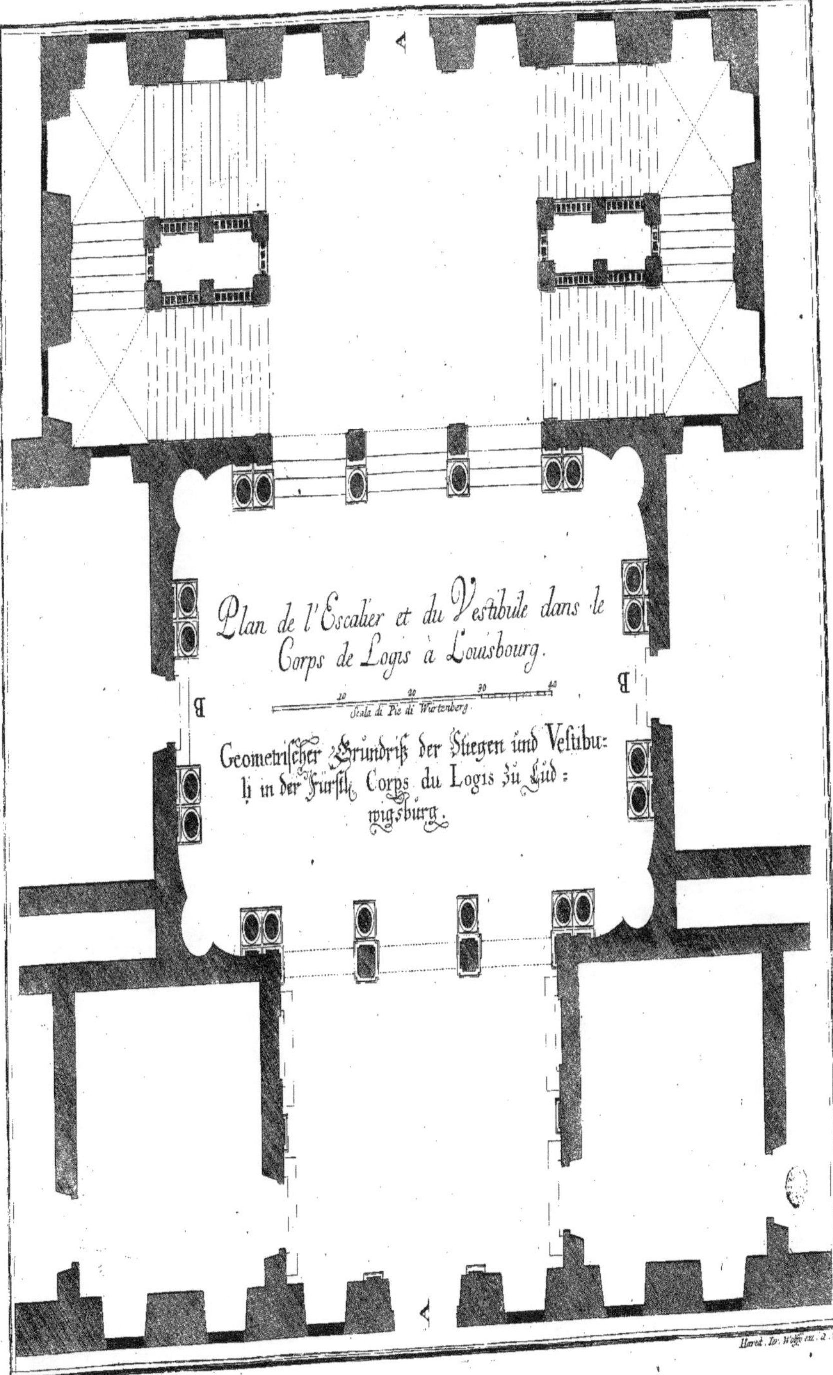

Cum Priv. Sac. Cæs. Maj.

Hæred. Io. Wolff exc. A. V.

19

Elevation des Fenêstres du Corps de Logis, inventées par Mr. Frisoni.

Geometrischer Aufzug von Fenstern, wie solche an dem Hochfürstl. Residenz Schloß zu Ludwigsburg an deren Corps du Logis zusehen seynd.

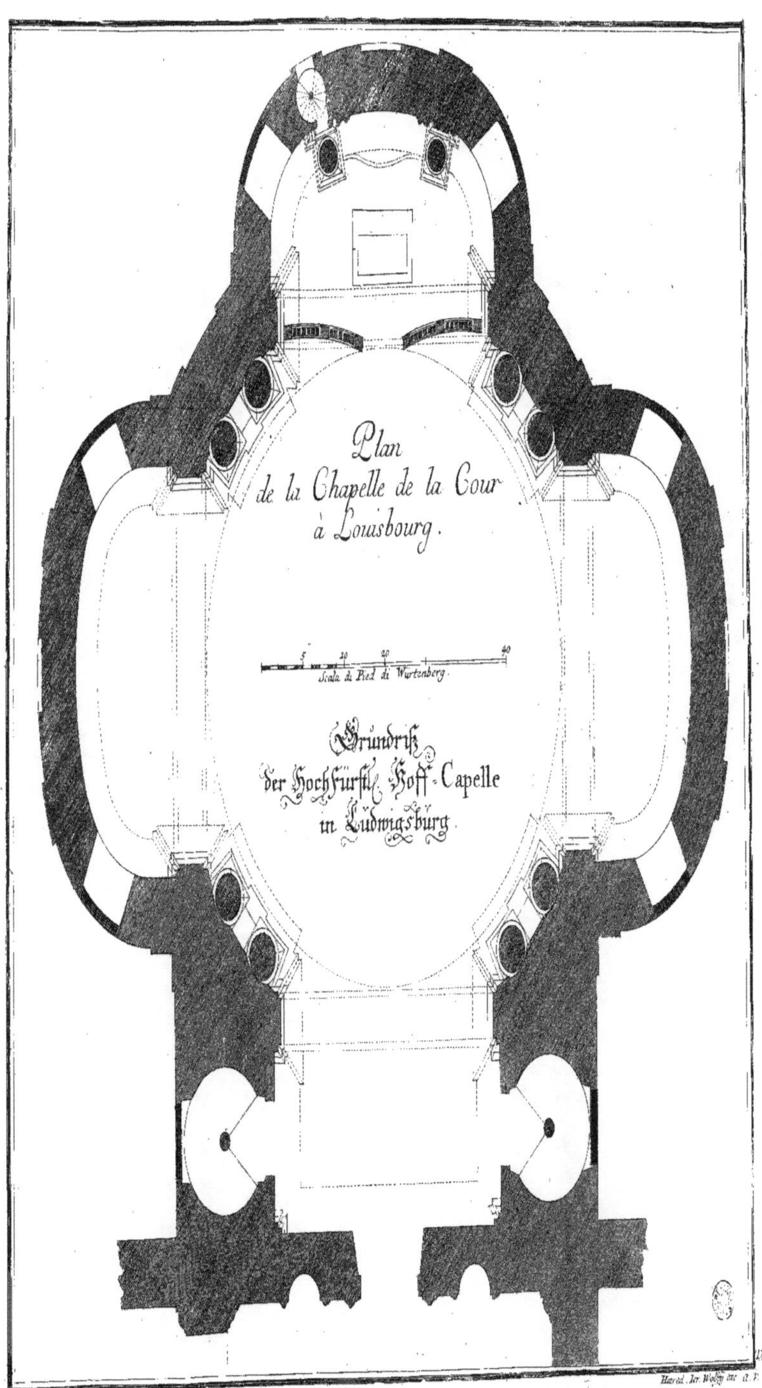
Plan
de la Chapelle de la Cour
à Louisbourg.
5
10
20
40
Scala di Pied di Wurtenberg.
Grundriß
der Hochfürstl. Hoff-Capelle
in Ludwigsburg
13.
Haered. Jer. Wolffij exc. A.V.
Cum Pr. Sac. Caes. Maj.

14

Profil und Perspectiv der Herzoglichen Hoff-Capelle in Sr. Hochfürstl. Durchl. des Regierenden Herrn Herzogs zu Würtenberg etc. Residenz Stadt Ludwigsburg.

Der Altar dienet zugleich als Canzel, wie aus dem Grundriß zu sehen. Die Kuppel und Altar Blatt ist von dem berühmten Mahler Herrn Carlo Carloni. Die Mahlerey an den Capellen oder Empor-Kirchen von dem berühmten Mahler Herrn Lucca Antonio Colomba, Ihro Durchl. Hoff-Mahler. Die Figuren von glänzendem Alabaster Gips sind gemacht worden von Herrn Diego Carloni. Die übrigen ornamenta sind alle kostbar fein vergüldet. Die Architectur aber von dem Autore gemacht.

D. G. Frisoni Major et Archit. Sereni Ducis Wirtemb. invenit.

Cum Priv. S. C. Maj.

Le Profil et Perspective de la Chapelle de S.A.S. Monseigneur le Duc Regnant de Wurtemberg à Ludwigsbourg

L'Autel sert en meme tems de Chaire, comme se fait voir le Plan. Les Peintures du Dome et de l'Autel sont de l'excellent Peintre Carlo Carloni; Celles des Tribunes sont de M. Lucca Antonio Colomba, Peintre de S.A.S. Les figures de plâtre reluisant sont faites par M. Diego Carloni. Le reste des ornements est doré et d'une grande magnificence. L'Architecture est de l'Auteur.

Ieremias Wolff exc. Aug. Vind.

Ioh. Aug. Corvinus sculps.

15

Facade du Chateau du Côté de la Faisanderie, élevé et étendu avec une partie de la Ville neuve.

Perspectivische Facciata gegen dem Fasanen Garten, wie dermahlen selbigen Ihro Hochfürstl. Durchl. der Regierende Herr Herzog zu Würtemberg haben anlegen und erweitern lassen, sammt einem Theil der neuen Statt.

D. G. Frisoni, Lieut. Col. et Directeur des Batiments de S. A. S. amplificabit et delineavit.

Vüe du Portail de la Faisanderie orné de Grille de fer doré, et de Statues en loin-tainété, la Cascade et la Favorite erigées de S. A. S. A°. 1718. et achevées de Monsieur Paul Retti, Architect de S. A. S.

Prospect des Portals des Fasanen Gartens mit eysern vergoldtem Gätter-Werck und Statuen in der ferne. die Cascade u. Favorite ist von Ihro Hochfürstl. Durchl. A°. 1718. angelegt, und von Hrn. Paul Retti Hoff-Bau Meistern vollführet worden.

27

Veue et perspective du favoritte de Prince au Jardin de Louisbourg avec les apartemens et Officines apartenāt a la Cour du Prince.

Perspectivischer Aufszug der Fürstl. Favoritten im Fasanen Garten zu Ludwigs=burg samt den Officinen u. appartementen zu der Hoffstatt gehörig.

www.ingramcontent.com/pod-product-compliance
Lightning Source LLC
LaVergne TN
LVHW010008230826
846092LV00002B/701

* 9 7 8 2 3 2 9 6 5 1 4 1 5 *